L{27}n 14610.

DISCOURS

PRONONCÉS AUX OBSÈQUES

DE M. MONTERA

CONSEILLER A LA COUR D'APPEL DE BASTIA,
CHEVALIER DE LA LÉGION D'HONNEUR,

Décédé à Bastia le 5 mars 1851,
Inhumé à Corte le 7 du même mois.

BASTIA,
DE L'IMPRIMERIE FABIANI.

—

1851.

Discours de M. Sigaudy, Premier avocat général.

MESSIEURS,

Il y a quelques mois à peine que nous venions donner un dernier adieu à l'homme de bien que la mort avait si rapidement enlevé à notre estime et à l'affection de sa famille. Encore une victime parmi nous.... M. le conseiller Montera n'est plus.... sa vie s'est éteinte comme celle du sage, sous les yeux de Dieu, dans les bras d'une femme aimante et dévouée, au sein d'une famille nombreuse et digne de lui. Il avait eu comme la révélation de sa fin, et quand personne autour de son lit de douleur ne se livrait à cette sinistre pensée, lui, lui seul, les yeux fixés vers le ciel, attendait avec le calme d'une conscience honnête et éprouvée l'heure suprême de sa délivrance. Il venait de recevoir la triste nouvelle de la mort de son frère, M. le chanoine Montera. Ses parents, ses amis se pressaient autour de lui. Il était alors plein de vigueur et de santé. « Encore une semaine, leur disait-il, et moi aussi, je ne serai plus. » Le terme fatal arrive et la prophétie s'accomplit....

C'est que Dieu, dans ces moments solennels, se révèle aux

siens ; c'est qu'en les animant de son esprit il leur donne la force de résister à ces douloureuses et pénibles épreuves ; c'est qu'une mort calme est le commencement d'une nouvelle vie.

M. Montera s'était rendu digne de cette mort..... Il était âgé de soixante-treize ans et il comptait cinquante-quatre années d'utiles et d'honorables services. La magistrature, l'administration, l'armée l'avaient tour à tour possédé dans leurs rangs. Esprit judicieux, caractère énergique et doué de cette volonté puissante et ferme qui soulève tous les obstacles et assure le triomphe du droit, il avait su, dans ces positions diverses, se concilier l'estime de ses concitoyens et bien mériter de son pays.

Permettez-moi de vous rappeler à ce sujet un des souvenirs les plus agréables de sa vie.

La Corse, dans les premières années de l'ancienne république, luttait péniblement contre les horreurs de la guerre civile. Des bandes organisées osaient attaquer dans son sein le pouvoir que la mère-patrie avait cru fonder sur la reconnaissance. Maîtresses des hauteurs qui dominent la ville de Corte, ces bandes menaçaient journellement de l'envahir. M. Montera et quelques braves, guidés par son exemple, forment une garde nationale et se disputent l'honneur de marcher au premier rang. M. Montera reçoit une blessure, mais les factieux se dispersent et l'ordre se rétablit. Ce glorieux souvenir de ses jeunes années a été consacré par un sabre d'honneur.

Après avoir été homme d'épée, il est devenu magistrat.

En 1820 il quittait la présidence du tribunal de Corte, heureux d'avoir pu faire du bien dans son propre pays, pour venir occuper celle de Bastia.

C'est par vingt-sept années de pénibles labeurs qu'il a conquis le droit de s'asseoir parmi nous. Vous parlerai-je de son assiduité? Qui ne l'a vu luttant contre le mal qui l'a conduit au tombeau, descendre au Palais sous le bras de son petit-fils et siéger en proie aux plus vives douleurs. Et cependant il venait de se démettre de ses fonctions! Il avait cru s'acquitter ainsi d'un dernier devoir ; car pour l'homme de bien c'est encore un devoir que de résigner des fonctions qu'il craint de ne pouvoir plus remplir.

Et cet homme de bien, si digne de vivre, n'est plus......
Non! il vit toujours ; il vit dans la pensée de tous ceux qui l'ont connu, il vit avec le souvenir de sa justice, il vit au sein de cette compagnie qui le regrette et l'honore, il vit dans le cœur de sa famille, de ses nombreux enfants, de ce magistrat vertueux, digne héritier de son nom et de sa renommée ; il vit... il vit toujours... L'homme de bien est immortel....

Discours de M. Casale, Président à la Cour d'Appel.

MESSIEURS,

La mort frappe à coups redoublés dans les rangs de la cour de Bastia ; et on dirait qu'elle mesure ses coups à la douleur publique.

Quel homme, plus que le conseiller Montera, est fait pour exciter les regrets et les larmes ? Qui porta plus loin l'amour du travail, la sainteté du devoir ? Qui réunit plus de lumières à plus de vertus ? Qui compta plus de services sur les champs, en apparence paisibles, et pourtant si difficiles de la vie judiciaire ?

Voilà bientôt quarante ans que cet athlète infatigable veillait à la défense des lois.

La Restauration, qui a tant fait pour l'honneur de la magistrature en Corse, l'avait deviné et le porta tout d'un coup au poste, non pas le plus éminent, mais le plus laborieux, le plus important peut-être des fonctions judiciaires, au poste de président dans un ressort de première instance.

C'est à Corte, Messieurs, dans son pays natal, au milieu

de ses parents, de ses amis, de sa famille, au milieu de cruelles et sanglantes inimitiés qui déchiraient la contrée tout entière, qu'il fut appelé à remplir un aussi grave ministère. Nous avons souvent entendu parler du danger qu'il pouvait y avoir à mettre ainsi en opposition le devoir avec nos penchants, avec nos affections. Nous croyons, Messieurs, que c'est méconnaître, ou que ce n'est pas comprendre au moins la nature humaine dans ses nobles et sublimes aspirations vers le beau, vers la perfection, liens vivants et invisibles, qui rattachent sans cesse la créature au créateur. Faut-il s'étonner si, à force de s'entendre dire qu'il n'est que misère et imperfection, que la défiance et la honte s'attachent inévitablement à ses pas, qu'il n'est pas l'œuvre privilégiée, sympathique de Dieu, mais l'enfant déchu de la prédestination, l'homme finit par se décourager, par s'égarer, par perdre de vue le signe divin, le signe de vie et de lumière qui fut préposé à ses actions, à sa naissance? Le président Montera néanmoins ne fut point troublé, ne s'égara point; ces clameurs vinrent tomber sans vérité à ses pieds; et la reconnaissance des populations répète encore aujourd'hui ce que son administration produisit de bienfaits et laissa de traces glorieuses sur son passage.

Aussi, Messieurs, ce n'est pas pour les appréhensions qu'il pouvait inspirer à Corte, c'est pour le bien dont on lui était redevable, pour le haut renom qu'il s'était acquis, qu'au bout de quatre ans il fut appelé à la direction du tribunal de Bastia.

Ici, Messieurs, la sphère des talents, des vertus, de la haute capacité morale et intellectuelle du président Montera s'élargit avec la sphère de ses devoirs. Qui peut dire tous les services qu'il a rendus dans cette magistrature de près de trente ans, les pas immenses qu'il a fait faire à l'ordre, à la régularité, à la prompte et bonne administration de la justice? Bastia, Messieurs, c'est presque la moitié de toutes les affaires du pays; c'est la population, c'est la richesse, c'est le commerce, c'est l'activité, c'est le travail, c'est la vie, c'est le progrès, la civilisation se poussant dans toutes les voies, dans toutes les directions, qui viennent frapper, tour à tour, à toute heure, à la porte du sanctuaire; — et le président Montera est toujours prêt, et il n'y a, si vous me permettez l'expression, d'antichambre pour personne.

Cette vigilance, ce sentiment si noble, si élevé du devoir, les forces inépuisables qu'il lui fait trouver, l'équité, l'impartialité, la haute raison de ses jugements ont bientôt popularisé son nom; et tel est le respect, la vénération qu'il inspire sur tous les points de l'arrondissement, qu'on peut dire que ce nom est toujours présent au foyer de chaque famille comme une espèce de génie, de divinité tutélaire.

Ce nom, Messieurs, porté sur les ailes de la Renommée par la reconnaissance publique, avait franchi aussi les distances. Un murmure approbateur l'avait accueilli dans les murs du ministère de la justice; et un homme se trouva un jour à la tête de ce ministère qui se prit pour le président Montera d'une vive sympathie, d'une véritable amitié. Cet homme, Messieurs, c'était le comte de Peyronnet, le comte de Peyronnet, que l'adversité a encore grandi, rendu respectable même à ses ennemis, et qui porta si haut dans son cœur le sentiment de l'honneur, de la dignité et de toutes les prérogatives de la magistrature française.

Dans une pareille position, Messieurs, le président Montera n'attendait pas les récompenses, il en était attendu. Mais la justice, l'intérêt du bien public avaient besoin encore de ses services au poste qui lui avait été confié; et quel titre d'honneur plus éclatant, quelle récompense plus digne de contenter l'envie d'un noble cœur, que d'avoir la justice elle-même et le bien public pour obligés ? Oui, Messieurs, c'est ce sentiment, si noblement compris et accepté, qui, seul, a fait que le président Montera soit arrivé si tard se reposer sur les sièges de la Cour. Hélas! c'est glorieux pour son nom, mais ce n'est pas moins cruel pour nous, pour nous, ses collègues, qui, après avoir admiré, comme tout le monde, les travaux du magistrat, avions pu jouir enfin des qualités de l'homme, et trouver chaque jour quelque nouveau plaisir au contact de sa vie et de ses enseignements. Quelle bonté, quelle simplicité, quelle constance, et quel dévouement! C'était l'âme forte et douce, trempée au feu de la religion et des vertus antiques de la Corse.

Noble et généreux vieillard ! tu quittes la vie, mais en quittant la vie tu emportes du moins cette consolation de l'avoir glorieusement remplie, et de laisser après toi des enfants qui font revivre tes vertus et tes exemples. Il en est un surtout qui, seul, pouvait recueillir et accroître même ton héritage au tribunal de Bastia. C'était, sans doute, ton orgueil d'être appelé le père de ce fils; et c'est avec cette pensée, nous en sommes encore convaincus, que ton âme a pris son vol avec plus de confiance vers l'éternité.

Honneur à toi, noble et vertueux vieillard ! Ta mémoire sera toujours bénie et respectée. Puisse, en attendant, ce fils bien-aimé, vers lequel se tournent encore tes regards et ta tendresse, être appelé à remplacer le vide douloureux que tu laisses au milieu de tes collègues ! C'est leur vœu, c'est le vœu de tout le monde..... Il sera exaucé.

Discours de M. de Figarelli, Avocat.

Messieurs,

A sept jours d'intervalle la mort, l'impitoyable mort tranchait la vie de deux frères : Monsieur le chanoine Montera, encore plein de force et de santé, payait son tribut à la nature, et s'apprêtait à recevoir de Dieu, avec respect et espoir, la récompense d'une conduite sans tache, d'une existence consacrée au sanctuaire, aux infirmes, aux pauvres. Et le 5 mars, hier, alors que rien ne le faisait pressentir, la ville étonnée, interdite, apprend qu'elle a à déplorer une perte plus grande; Monsieur le conseiller Joseph-Marie Montera avait quitté cette terre et rejoint, dans le ciel, un fils et un frère.

Ah! il vous est donné d'aller au-devant d'un père chéri, d'un frère aimé, âmes saintes et privilégiées. Il vous est donné de vous réjouir! Mais à nous, mais à cette famille honorable et désolée, quelle consolation?..... Vous, César, vous mon ami, il vous tardait de posséder dans ce séjour des heureux, dans la cité du Seigneur, ce père que vous ne deviez plus revoir, alors que, partant pour l'Afrique et payant de votre sang la grande conquête, vous vous élanciez du champ d'honneur au sein de l'éternité! Pitié, pourtant, pour cette tendre mère qui n'a jamais quitté le deuil, qui a versé tant de larmes !..... Pitié..... Hélas ! une nouvelle et irréparable douleur vient de rouvrir toutes ses plaies non encore cicatrisées !..... Pitié pour cette famille désolée, accablée par la perte de son chef, de ce vénérable vieillard, image du patriarche antique, au milieu de ses nombreux enfants.

Des voix éloquentes ont retracé, avec cette force de talent que donnent la conviction et la vérité, les qualités éminentes du magistrat, le courage du citoyen, les vertus du père de famille. Je craindrais d'affaiblir le frappant tableau qui vient d'être fait, si je voulais essayer de le reproduire.

Je désire, seulement, dans cette occasion solennelle, offrir un souvenir à l'ami de mon jeune âge, dont la dépouille repose sur la terre africaine; jeter une fleur sur la tombe à peine couverte de son oncle, et verser une larme de respect, de reconnaissance, d'éternel regret, sur ce cercueil qui contient le corps inanimé de son père, de ce magistrat généreux, qui a bien voulu m'encourager dans la carrière du Barreau, et qui a poussé l'affection jusqu'à me confier ses propres intérêts.

Pleurez votre père, vous l'héritier de son nom et de ses qualités; vous, savant magistrat qui pouviez seul le remplacer dignement.... Pleurez votre père, vous mon jeune confrère, vous son fils bien aimé, vous qu'il voyait avec délice conquérir au barreau la place des premiers.... Pleurez votre père vous tous ses nombreux enfants, objet de ses soins et de sa plus tendre affection.

Si quelque chose peut tempérer votre douleur extrême, votre chagrin sans borne qu'aucune expression humaine ne peut rendre, c'est la consolante idée que votre père s'est éteint de la mort du juste, à un âge avancé, dans la plénitude de ses facultés intellectuelles, entouré de l'estime de tous ses concitoyens, ne laissant sur cette terre que des amis.

Oui, sans doute, la perte est grande, elle est profonde, le vide est immense! Mais Dieu n'oublie pas ses élus. Dieu est juste, et déjà il accorde à votre vertueux père, au magistrat intègre, à l'homme de bien, la récompense réservée, dans le ciel, à ses nobles actions.

Et vous, brave commandant, que je ne m'attendais pas à voir dans cette enceinte, que je croyais même éloigné de cette ville; vous que les balles ennemies n'ont jamais pu faire sourciller, vous succombez aujourd'hui sous le poids de la douleur; vous venez d'éprouver, coup sur coup, les pertes les plus terribles. Vos deux frères, vos meilleurs amis, les compagnons et les guides de votre enfance, ne sont plus ! Ah ! ne refoulez point vos larmes, elles sont légitimes ; versez-les abondantes, car, en même temps qu'elles soulagent le cœur, elles rendent légère la terre qui va couvrir ses restes précieux et sacrés !...

Discours de M. Arrighi, Bâtonnier de l'ordre des avocats.

MESSIEURS,

Depuis quelque temps la mort semble vouloir moissonner largement dans les rangs de la haute magistrature du ressort.

C'est ainsi que dans le court espace de trois mois, les deux conseillers qui représentaient si noblement l'arrondissement de Corte dans l'ordre judiciaire, ont été soudainement ravis à la science du droit, à l'amour de leurs collègues, au respect des justiciables et à l'estime de leurs compatriotes.

Nous n'étonnerons donc personne en disant que cette perte imprévue a été pour nous un double sujet de douleur.

Bien qu'avancé en âge, le conseiller Montera semblait promettre à l'amour des siens une plus longue existence. Cependant il avait pressenti sa fin et annoncé même qu'il ne tarderait pas à rejoindre dans la tombe le frère qu'il venait de perdre.

Mais ces pensées n'avaient pas attendu ces images de deuil et ces tristes pressentiments, pour se tourner vers l'autre monde, « où pour toujours, nous nous réunissons à tout ce que nous avons aimé ici-bas. »

C'est que la religion de ses pères et le culte de la justice, ont été les seules passions de sa vie grave et appliquée, les deux constantes croyances de son esprit.

Il y a peu de jours encore, nous l'avons entendu, en parlant des devoirs du chrétien, exprimer le sentiment religieux qu'a si heureusement rendu l'un de nos grands poètes :

« Pour moi, soit que ton nom ressuscite ou succombe,
« O Dieu de mon berceau, sois le Dieu de ma tombe.

Les mœurs de cet homme de bien rappelaient l'antique simplicité des beaux temps de la magistrature française. Les seuls biens dont il se montrait jaloux étaient la douce sérénité de sa conscience et le suffrage de l'opinion.

Sachant que la justice cesse d'être un bienfait quand elle se fait trop attendre, surtout dans un pays dont elle est le besoin le plus impérieux, on l'a vu, pendant une longue période d'années, partageant tout son temps entre les études du cabinet et les travaux de l'audience, redoubler de zèle, d'ardeur et de patience pour faire disparaître entièrement l'arriéré qui s'était produit dans les affaires civiles lors de son avènement à la présidence du tribunal de première instance du chef-lieu judiciaire.

Nous en appelons aux avocats et aux avoués, qui, entraînés par l'exemple de son application soutenue, le secondèrent efficacement dans la ferme volonté d'imprimer à la justice attardée dans sa route, une marche plus rapide. Ne parvint-il pas, au bout de deux années, à débarrasser le rôle surchargé de causes et à donner satisfaction aux intérêts en souffrance ?

Le nombre des procès fut bientôt ramené à son état normal.

Mais la mesure de nos forces est bornée. Pour ne pas succomber sous un fardeau aussi lourd, ce n'était pas assez des efforts d'un zèle croissant avec le travail, ce n'était pas assez du sentiment du devoir, il fallait aussi que la sûreté du jugement se joignît, dans l'examen et la décision des affaires, à la promptitude de la conception et au talent non moins rare d'une rédaction claire et facile.

Or, peu de magistrats ont possédé, à un degré plus éminent, ces précieuses facultés de l'intelligence. C'est un don que la nature semble avoir départi aussi à ses enfants.

Quand son fils aîné vint, après avoir parcouru les divers degrés de l'échelle judiciaire, s'asseoir à sa place, le président Montera, put, avec un juste sentiment d'orgueil, reporter ses regards satisfaits sur la longue carrière qu'il avait parcourue.

Aussi son digne successeur put-il accepter, avec confiance, cet héritage pur et sans tache. Les règles de sa conduite étaient tracées d'avance. Il les trouvait dans ses jugements qui sont la conscience écrite, dans cette probité sévère qui défie les séductions du pouvoir et de la fortune, dans la résolution pratique d'attribuer à chacun ce qui lui appartient et dans ce respect de soi-même qui est la pudeur du fonctionnaire public.

Le poste élevé de conseiller, que le vieux président obtint sans l'avoir demandé, fut moins une récompense, que la tardive réparation d'un long oubli, ou plutôt la juste rémunération de trente cinq années d'utiles travaux : *merces eximii laboris.*

C'est à ses collègues à nous le représenter, dans cette seconde phase de sa vie de magistrat, tel que le barreau l'a toujours connu, prêtant aux paroles de l'avocat une oreille attentive ; humain sans faiblesse, laborieux par habitude autant que par scrupule de conscience, et inébranlable dans ses opinions, parce qu'elles étaient le résultat d'un examen approfondi.

Cependant il venait de prendre la détermination de déposer sa vieille toge, non que le concours de ses lumières, de son expérience, de son discernement si prompt et si sûr, eût cessé d'être utile ; mais parce que les premiers souvenirs et les affections de famille le rappelaient sur les bords de la Rostonica, où il allait se délasser au milieu des siens, dans le court espace des vacances, des soucis et des travaux de l'année judiciaire.

Il voulait, à l'exemple des vétérans de l'ancienne magistrature, placer un intervalle de recueillement, entre l'existence active, et le repos de la retraite, entre le bruit du palais, et le silence de la tombe.

Pourquoi faut-il donc que la mort, n'ait pas laissé cette dernière consolation à sa vieillesse ? C'est sur le chemin de la terre natale à laquelle il désirait confier le dépôt et la garde de sa cendre, qu'il a rencontré tout-à-coup l'abîme de l'éternité. Il ne s'est pas troublé, n'en soyons pas surpris ; pour l'homme sincèrement religieux, la mort n'est qu'une transfiguration glorieuse. Il ne reste de nous ici-bas que l'enveloppe matérielle ; si elle se décompose, c'est pour que l'âme prenne plus librement son essor vers le ciel.

Aussi, les touchants adieux de l'amitié, les pleurs de la famille, les regrets de sa compagnie, les honneurs funèbres de l'Église ne s'adressent point au fragile assemblage d'organes, aux restes périssables que renferme ce cercueil. Non, c'est bien plutôt à cette portion inconnue, mais réelle, de l'essence divine qui nous anime et nous rapproche de la Divinité.

Ton nom, magistrat vénérable, ne mourra pas. Il reste cher et respecté dans la magistrature et dans le barreau, pour rappeler l'alliance du talent et de la vertu.

Discours de M. Corteggiani, Juge suppléant au tribunal de Corte.

Messieurs,

Si je prends à mon tour la parole au milieu de ce deuil général, c'est pour satisfaire à un besoin impérieux de mon cœur. Je viens dire quelques mots sur ce cercueil, où sont contenus les restes mortels d'un homme éminent dont la perte a excité de vifs et universels regrets.

Il y a huit jours à peine, la même affluence rendait les derniers devoirs à un autre membre de cette ancienne et honorable famille, qui avait fourni des hommes distingués au clergé, à l'armée, à la science médicale, et surtout à la magistrature dont tous les attributs convenaient si bien à de si nobles caractères.

Rendons grâce, Messieurs, à cette piété filiale, à cette inspiration patriotique qui nous permet de manifester aujourd'hui nos sentiments et notre douleur commune, en présence du corps inanimé de notre vénérable concitoyen.

C'est à Bastia que des voix éloquentes ont retracé la vie et les vertus du Conseiller Montera, nous avons tous senti dans nos cœurs les échos de tant de regrets et de louanges exprimés au milieu d'une ville populeuse qui fut sa résidence pendant trente ans, et au sein de la Cour d'Appel, dont M. Montera était un des membres les plus éclairés, les plus indépendants, les plus intègres.

Aussi, je ne vous entretiendrai d'aucun des détails de cette existence vraiment privilégiée et je puis dire, bénie du Ciel. Je la prends dans son ensemble et je vois briller en elle toutes les qualités de l'homme public et de l'homme privé.

Si M. Montera était parvenu à cette haute considération qui n'appartient qu'aux hommes d'élite, c'est surtout parce qu'il avait puisé largement dans une éducation de famille, des principes religieux qui se manifestaient en lui par la pratique constante et scrupuleuse de tous les devoirs d'un bon chrétien et du bon citoyen. La nature l'avait doué d'une de ces intelligences prodigieuses et d'une force de caractère qui, en élevant M. Montera au premier rang des notabilités du pays, le mettaient à l'abri des faiblesses et des passions qui agitent tant la vie humaine ; ces belles facultés avaient trouvé un utile emploi dans sa longue carrière, entièrement consacrée aux fonctions publiques. Nul ne fut jamais animé plus que lui du sentiment du devoir et de ce zèle infatigable qui en facilite l'accomplissement. Le voir sur son siège c'était admirer cette puissante organisation qui l'aurait rendu digne des positions les plus élevées.

La conduite de M. Montera n'eut jamais d'autre guide que la probité, la délicatesse, le bon exemple. Il savait que ses concitoyens, que ses justiciables avaient confiance en lui et s'inspiraient de ses actes et de ses pensées. Aussi, quelle dignité comme magistrat; quelle honnêteté et quelle bonté comme homme!... La juste influence dont-il jouissait, il sut toujours la mettre au service des idées de conciliation et de concorde. Ami du peuple, il pratiquait la fraternité par de bons conseils, prêchant surtout la modération, l'oubli des offenses et l'amour du travail qui corrige les passions et assure un bien-être sans remords. Le travail et le devoir furent la couronne de cette vie qui restera comme un exemple à suivre pour ceux qui veulent marquer, par des actes utiles, leur passage dans ce monde d'illusions.

Oui, Messieus, j'aime bien à rappeler que M. Montera avait été son propre maître, en ce sens qu'il avait puisé dans sa volonté, dans son esprit pénétrant et dans sa droiture naturelle, les plus riches éléments de cette vaste instruction qui a brillé sur les siéges supérieurs qu'il a occupés successivement.

Honneur à cet homme de bien, à ce magistrat vertueux dont la ville de Corte sera toujours fière, et dont la perte est regardée comme un malheur public. De tels hommes sont trop rares pour que la population tout entière n'ait voulu s'associer à cette grande et pieuse manifestation. Félicitons-nous de cet hommage éclatant accordé à la vertu. N'est-ce pas lui vouer un culte durable que d'honorer ceux qui la pratiquent si religieusement sur la terre ?

Cet honneur dont M. le Conseiller Montera portait le signe sur la poitrine, ces vertus, ces talents, ce caractère qui suffirait à lui seul pour embellir une existence, il en laisse le précieux dépôt à des fils dignes de lui, aujourd'hui affaissés sous le poids de la douleur, et qui trouveront, je l'espère, quelque adoucissement dans les vives sympathies et dans le deuil public qui les entourent.

Je m'arrête, Messieurs ; je vois que j'ai entrepris une tâche trop au-dessus de moi, et que ma vénération pour la mémoire du Conseiller Montera m'a fait perdre de vue mon insuffisance. J'ai voulu offrir à cette mémoire qui me sera toujours chère un dernier tribut de mon estime et de ma reconnaissance pour la vieille affection qu'il portait à ma famille.

Je m'arrête, car je sens que je ne fais qu'affaiblir l'expression des sentiments qui s'échappent de vos cœurs, et j'aime mieux laisser ce cortège immense dans le recueillement et dans la spontanéité de ses regrets.

Quand on a vécu soixante treize ans comme M. Montera, dans toutes les conditions de l'homme de bien ; qu'on a été magistrat intègre, excellent citoyen, bon ami, bon père de famille ; dès qu'on a fait honneur à son pays et laissé un tel successeur, on a pu s'éteindre avec la sérénité du juste, on a pu paraître devant Dieu !....

———

Un autre discours non moins touchant a été prononcé par M. Cœuret Président du tribunal de Corte. Ce discours improvisé sur la tombe n'a pu être recueilli.

www.ingramcontent.com/pod-product-compliance
Lightning Source LLC
Chambersburg PA
CBHW070535050426
42451CB00013B/3019